AF554628

PANÉGYRIQUE

DE

SAINT RAYMOND DE PENNAFORT

PAR

M. l'Abbé H. RAYMOND
Vicaire à St-Agricol

AVIGNON
SEGUIN FRÈRES, IMPRIMEURS-ÉDITEURS
13, RUE BOUQUERIE, 13

1878

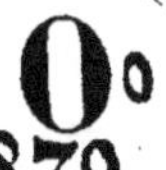

PANÉGYRIQUE

DE

SAINT RAYMOND DE PENNAFORT

AVIGNON. — TYPOGRAPHIE SEGUIN FRÈRES

PANÉGYRIQUE

DE

SAINT RAYMOND DE PENNAFORT

PAR

M. l'Abbé H. RAYMOND
Vicaire à St-Agricol.

AVIGNON
SEGUIN FRÈRES, IMPRIMEURS-ÉDITEURS
13, RUE BOUQUERIE, 13

—

1878

A MON PÈRE ET A MA MÈRE

Chers Parents,

Voici les paroles, hélas ! bien imparfaites, prononcées, il y a quelques années déjà, en l'honneur de Saint Raymond, patron de la Confrérie des Pénitents Noirs de Mazan.

Elles me rappellent plusieurs souvenirs précieux : — celu de mon pays, à qui je donnai, grâce à une sympathie que je n'oublierai pas, les prémices de mon ministère, — celui de ma famille, dont elles louent un des protecteurs, — celui de mon sacerdoce qui les suivit quelques mois après.

Toutefois, je ne me fusse jamais décidé à les publier, si elles ne m'avaient été demandées avec instance.

Le besoin de mon cœur m'a porté à vous les offrir ; veuillez les agréer comme un témoignage de la reconnaissance éternelle que je vous dois.

Votre fils dévoué,

H. Raymond.

Avignon, 8 décembre 1878.

PANÉGYRIQUE

DE

SAINT RAYMOND DE PENNAFORT [1]

Et ipse dedit quosdam quidem apostolos, quosdam autem prophetas, alios vero evangelistas, alios autem pastores et doctores ad consummationem sanctorum, in opus ministerii, in ædificationem corporis Christi.

C'est Dieu lui-même qui a fait, les uns apôtres, les autres prophètes, d'autres enfin évangélistes, pasteurs et docteurs pour la consommation des saints, l'efficacité du ministère et l'achèvement du corps de J.-C.

(*Ép. aux Éphésiens*, IV, 11 et 12.)

M. F., Dieu prend soin des nations et des peuples ; il les élève, il les soutient et suscite parmi eux des hommes pour les conduire, les gouverner, les sauver.

Or, si les sociétés ordinaires ressentent les effets de sa Providence et de son amour, pensez-vous qu'il oublie l'Église, la patrie des âmes, l'œuvre du Sauveur, son corps mystique, son épouse enfin, péniblement acquise au prix de la fatigue, de la sueur, du sang : *Quam acquisivit sanguine suo* (2), dit S. Paul.

N'êtes-vous pas certains, au contraire, qu'il étend sur elle sa droite, qu'il l'environne de sa force, de sa puissance, que vivant en elle, avec elle, il lui communique une part de sa vie, de sa divinité, de son être, pour ainsi dire ?

La mission de l'Église n'est pas d'agrandir ses domaines, ni de subjuguer l'univers ; c'est pourquoi sa puissance matérielle est restreinte, et il lui suffit qu'on respecte ce que la reconnaissance ou la générosité des nations lui léguèrent.

La mission de l'Église est d'instruire, d'allumer et de faire luire partout, s'il était possible, le flambeau de la foi : *Allez et*

(1) Prononcé le 28 janvier 1865, en la solennité patronale des *Pénitents-noirs de la Miséricorde* de M***.

(2) Act., XX, 28.

enseignez toutes les nations, disait le Sauveur aux premiers disciples; il lui faut des savants, des docteurs.

La mission de l'Église est de gouverner et de conduire les âmes, puisqu'elle est une société, et puisqu'une société quelconque ne saurait vivre sans discipline, sans règle ; c'est pourquoi vous trouvez une discipline et des lois dans l'Église ; il lui faut par conséquent des administrateurs, des juges.

Enfin, et par-dessus tout, la mission de l'Église est de sanctifier, c'est-à-dire de relever l'homme à la hauteur de J.-C., à la hauteur elle-même de Dieu, vu que la sainteté n'est autre chose que la transformation de l'homme en J.-C., la ressemblance de l'homme à son type principal qui est le Père ; donc il faudra aussi des saints à l'Église.

Et maintenant, parcourez l'histoire, et chaque siècle vous montrera subsistant toujours, se renouvelant sans cesse sans mourir jamais, cette triple génération d'hommes, indispensables à l'Église, parce qu'il faut qu'elle nous éclaire, parce qu'il faut qu'elle nous gouverne, parce qu'il faut qu'elle nous sanctifie.

M. F., je viens essayer d'ouvrir avec vous une page de cette histoire et de représenter un illustre personnage qui ne contribua pas peu à cette mission de l'Église par sa science profonde, par sa prudence admirable et par sa sainteté sublime. Je m'efforcerai donc de vous montrer dans le saint patron, dont vous honorez ce soir le souvenir, une grande vie de *savant, d'administrateur* et de *saint.*

Grand saint, si j'entreprends en ce moment de parler de vous, c'est pour votre gloire, vous le savez ; ouvrez mes lèvres, touchez mon cœur, et que ce soit votre esprit qui parle. O Marie, faites-nous connaître celui qui vous aimait si tendrement et que vous avez daigné visiter. *Ave, Maria.*

I. Au XIIe siècle, non loin de Barcelone, en Espagne, sur une colline escarpée, on voyait fortement assis un énorme château que l'on désignait au loin sous le nom de *Pennafort* ou de *Rochefort.* Là vivait une famille illustre. L'éclat des comtes de Barcelone, à qui elle remontait par ses ancêtres, et celui des princes d'Aragon qu'une étroite alliance rapprochait d'elle, la relevaient. Dieu voulut l'ennoblir encore, en marquant de son sceau l'enfant chéri qu'il lui destinait. Cet enfant était notre saint.

Les historiens de sa vie ne s'arrêtent pas à décrire les grandeurs qui l'entourent dès le berceau. Que sont en effet les biens, les richesses, les titres mêmes en regard de la sagesse et des dons sublimes qu'il posséda ? un néant, dit le Sage, et même les royaumes et les empires ne sont rien en comparaison : *Præposui illam regnis et sedibus, divitias nihil esse duxi in comparatione illius* (1).

Dieu donc lui avait donné un rayon de la science qui le décore, et nous lisons dans sa vie, qu'ayant reçu du ciel un talent merveilleux, il obtint dans la suite de brillants succès, et rendit à la religion et à l'Église d'éminents services.

A peine hors du berceau, son esprit perçant à travers les sens se déclare : *Adhuc parvulus*, dit une légende célèbre (2), *eximia animi et corporis indole, jam magnum aliquid portendere videbatur ;* encore tout jeune et à la première fleur de l'âge, son naturel exquis et d'une richesse incroyable présage à tous les yeux les plus grandes choses.

Les tressaillements d'un père et d'une mère qui contemplent dans leur enfant ces lumières vives d'intelligence, vous les comprenez ; d'autres joies les attendent pourtant ; car il étudia dès lors avec un courage si extraordinaire, qu'il parcourut en peu d'années une distance immense dans le champ des lettres humaines : *Humaniores litteras tum avide arripuit, ut exiguo tempore maximos progressus fecerit ;* et puis, il approfondit toutes choses, l'on peut dire, depuis les éléments les plus simples jusqu'aux questions les plus hautes ; connaissances variées, abstraites, problèmes les plus compliqués, matières difficiles de philosophie, rien ne l'arrête, ni ne l'embarrasse, tant il se trouve dans son naturel.

Laissez-le cloître cet enfant béni, et que tout cède à ses efforts ; nourri d'une doctrine forte, à vingt ans à peine il viendra, maître consommé, verser au milieu des siens sur le sol natal les germes précieux dont il est chargé, et donner avant le printemps les fruits abondants de la maturité la plus merveilleuse.

Ainsi les commencements de la vie de S. Raymond nous fournissent une preuve de son beau talent. Ses succès furent magnifiques.

Quand on considère, en effet, les sublimes applaudissements

(1) Sap., VII, 8. — (2) Voir le Bréviaire dominicain, 23 janvier.

que ses leçons brillantes lui attirèrent à Barcelone, durant tant d'années; quand on se rappelle qu'à Bologne, où l'Europe entière affluait dans les cours de droit, il s'élève d'abord au principal rang; qu'en la vacance de la première chaire de l'Université, après le plus glorieux des concours, on lui décerne la palme comme au plus digne; que l'Université, le Sénat, les Écoles, enfin tous, remplis d'admiration pour un si grand homme, puisent largement au trésor public et viennent lui rendre de solennels hommages; qu'enfin l'évêque de Barcelone, l'ayant entendu, en étant ravi et ne voulant plus en être privé, le ramène de force au milieu des siens, malgré les instances réitérées de Bologne qui comprend sa perte, et lui confère à son arrivée la première dignité de son église, on est saisi et pénétré d'admiration; de pareils succès démontrent dans le nouveau docteur que nous contemplons un mérite, un talent, une gloire dont nous étions loin, sans doute, d'avoir l'idée.

Et maintenant, est-ce que vous n'attendez pas que la doctrine de l'Église va se ressentir de l'influence de ce savant homme?

Écoutez, M. F., voyez-vous cet aigle qui s'élève avec rapidité dans les plus hautes régions de la vérité, du dogme? Ange de l'école, c'est vous: à cet œil perçant, à ce vol immense et calme, on vous reconnait, divin Thomas, portant là-haut sur vos ailes l'orgueilleuse raison humaine, non pour l'abattre, ni pour l'étouffer, mais pour la convaincre seulement, qu'avec un peu plus de lumière que nous n'en avons, et vus d'un peu plus haut, les mystères de la foi sont grands, qu'ils méritent notre admiration, et qu'il est raisonnable d'y croire; nous vous en sommes infiniment reconnaissants avec l'Église, et nous vous adressons tous nos hommages; mais vous les partagerez avec notre illustre saint; car il vous inspira ce vol, ce premier vol de votre génie dans le vaste ciel des dogmes (1).

Et cependant, M. F., voyez notre saint lui-même visitant et sondant notre âme, ses profondeurs, ses abîmes; le voilà, il emploie ses veilles à méditer nos plaies morales, nos défaillances, nos misères, à en chercher tous les remèdes, à éclairer ces plis, ces sombres plis de la conscience. Et pourquoi, M. F.? si ce n'est pour préparer à Dieu partout une demeure splen-

(1) La *Somme contre les Gentils* de S. Thomas d'Aquin a été écrite à la prière de S. Raymond.

dide dans les âmes ; encore une fois donc, soyez béni, grand saint, béni de Dieu, des âmes, béni du prêtre que vous aidez ; votre livre (1) vivra, cela est sûr ; et,bien des siècles après vous, on se souviendra que vous avez travaillé à aplanir ces routes de la conscience que leurs détours, leur âpreté et leur hauteur rendront toujours si difficiles.

Et quand bien même il n'aurait rien fait pour la morale et pour le dogme, est-ce qu'il n'a pas mis la main à la jurisprudence de l'Église? Et les cinq livres qu'il y ajouta, ne sont-ils pas aujourd'hui encore, la partie achevée de ce beau code? Est-ce que depuis sept cents ans l'admiration des plus grands esprits n'environne pas cet ensemble magnifique des paroles des Pontifes et des Docteurs, qui représentent, vous le savez, notre divin Sauveur lui-même, visible par eux en son Église, où il commande par leur bouche, où il nous continue sa parole dans cette parole d'or des Pontifes que S. Raymond a recueillie?

Ainsi donc, un talent superbe, des succès rares, et des services aussi éminents composent ensemble une grande vie de savant, et nous la trouvons unie à une grande vie d'administrateur.

II. Certes, personne d'entre vous ne dira que c'est là un éloge immérité ; car, il eut une connaissance étendue, profonde de la législation de l'Église, et quant à l'application elle-même qu'il en dut faire, elle fut longue, elle fut vaste, elle fut admirable.

Chaque société a ses lois, M. F., et il est impossible d'imaginer une société quelconque sans lois: la liberté absolue est une chimère ; donc l'Église, elle aussi, doit avoir ses lois.

Or, représentez-vous un homme qui parcourt une à une ces diverses lois, et qui recherche avec ardeur tous les commentaires qui en ont été faits durant plus d'un siècle, soit dans la chaire de Pierre, soit dans ces majestueuses assemblées d'évêques où réside l'esprit de Dieu, enfin qui les lie ensemble pour en former un corps, un édifice, un tout.

N'est-il pas évident qu'un tel homme acquerrait une connaissance parfaite de la législation de l'Église? Il en possèderait une connaissance étendue, puisqu'il la parcourt tout entière ; il en possèderait une connaissance profonde, puisqu'il l'établirait sur ses bases; il en possèderait en un mot la science,

(1) La *Somme* des cas de conscience de S. Raymond.

puisque tout se tient et s'enchaîne dans cette grande législation.

Et voilà précisément l'histoire de notre illustre personnage; il emploie trois ans à parcourir tout ce vaste édifice de la législation de l'Église auquel tous les siècles ont contribué ; il emploie trois ans à la reproduire.

O beauté de l'Église, entrevue par les Prophètes que vous transportiez, même votre ombre est ravissante, et en présence du divin tableau qu'une main si habile nous a tracé, je ne puis m'empêcher de m'écrier avec l'Écriture: Que vos tentes sont belles, ô maison de Jacob, et que vos pavillons sont magnifiques! (1) C'était un ennemi du peuple d'Israël, qui exhalait ainsi un cri d'admiration à la vue de son camp et de son bel ordre ; et tel serait le cri naturel de nos ennemis, des ennemis de l'Église s'ils la connaissaient, et si jamais, par je ne sais quels renverversements impossibles auxquels ils rêvent, elle disparaissait par dessous la terre avec tout ce qu'elle a apporté au monde de lumières et de bienfaits, ils en seraient les premiers consternés et épouvantés, ils la redemanderaient aux abîmes, et ils considèreraient leur triomphe comme la dernière des calamités, tant il y a de beauté dans l'Église, tant son absence nous serait funeste.

Mais continuons l'histoire de notre saint. Non-seulement il connut les lois de l'Église, mais il fut appelé aussi à les appliquer tout le long de sa vie, qui dura un siècle ; toujours retenu au milieu des fonctions de la vie publique, il exerça successivement celles d'archidiacre et d'official à Barcelone, celles de grand pénitencier de l'Église, à Rome, en même temps qu'il fut auditeur de toutes les causes qui s'y présentent, celles de général de l'ordre de St-Dominique, et plusieurs autres que je ne nomme pas.

L'application que S. Raymond fit des lois fut vaste, puisqu'elle s'étendit aux diverses portions de l'Église et à l'Église entière, on peut dire.

Ce sont les infidèles et les païens qu'il ramène et convertit par milliers, pour lesquels il tient son cœur, ses lèvres et ses trésors eux-mêmes ouverts ; ce sont des chrétiens de toutes les conditions et de tous les rangs qu'il dirige ; ce sont les religieux de son ordre et de tous les ordres qu'on lui confie ; ce sont les rois, les souverains, les plus grands pontifes qu'on lui

(1) Num. XXIV. 5.

voit conduire ; j'ai ajouté, l'Église entière, et cela est vrai, puisque revêtu d'une charge immense, il dut s'occuper de tout, surveiller tout dans l'Église, les évêques avec leurs siéges, tous les ordres avec leurs chefs, toutes les institutions et les charges.

Que dire maintenant de l'esprit de sagesse et de prudence, de douceur et de force tout à la fois, de modération, de courage et de justice qu'on lui voit partout ? Oui, les administrateurs de tous les temps, les Moïse et les Salomon, les Esdras et les Daniel de la loi ancienne, les Grégoire, les Innocent pourront lui tendre du haut des cieux une main fraternelle quand il y viendra. — En attendant, vous essaierez vainement de vous soustraire aux plus grandes places, aux plus grands honneurs, ô administrateur immortel ; ne faut-il pas que l'oracle de l'esprit de Dieu s'accomplisse : *Que la sagesse couvre de gloire, et que le sage paraît en haut ;* c'est l'ordre de la Providence, vous obéirez ; si les princes vous réclament, vous obéirez ; si le chef suprême de l'Église vous réclame, vous obéirez ; il vous destine en ce moment, à l'un des siéges les plus importants et les plus illustres de l'Espagne, et vous refusez; vous trouvez la charge pesante, et vous disparaissez dans la solitude pour y apaiser les troubles que la modestie vous suggère ; vous vous trompez, ô grand saint ; et voici la main de la Providence qui vous vient chercher.

Un jour, quatre religieux de son ordre, que l'on disait venir d'un rivage lointain, chargés d'un message insigne pour notre saint, entrent dans la cellule où il méditait ; c'était vers le temps même où les plus hauts personnages de l'ordre de St-Dominique, parmi lesquels on remarquait Albert le Grand, l'un des plus doctes hommes de son époque, s'assemblaient en Italie, pour élire un successeur à Jourdain de Saxe, qui venait de s'éteindre. Ils ont hâte de s'annoncer, et la joie qui éclate sur leur visage, la douleur du saint qu'ils embrassent vous apprennent déjà toute leur mission ; S. Raymond devenait leur père, à la satisfaction de tout l'ordre, qui fut transporté de joie à cette nouvelle. Là encore, la sagesse de son administration se montra ; mais il abdiqua deux années après, n'aspirant plus qu'à mourir et à mourir ignoré.

De pareils actes d'humilité vous étonneront peut-être, M. F. Mais c'est ici une terre sainte que nous foulons ; et il faut bien que les merveilles de la grâce s'y épanouissent, que nous en savourions toutes les odeurs. *Solve calceamentum de pedibus tuis* (1), m'avez-vous dit vous-mêmes plusieurs fois peut-être : déliez et détachez la chaussure que vous portez, c'est-à-dire abandonnez au vent du siècle cette poussière de la science ; laissez les sciences et tous les gouvernements dont vous nous parlez : *Locus enim, in quo stas, terra sancta est ;* c'est une grande vie de saint que nous attendons.

III. Hé bien donc! élevons-nous maintenant, M. F., au-dessus de ce monde qui nous environne ; car les saints ne sont pas de ce monde ; ils y sont comme n'y étant pas et ils en usent comme n'en usant pas. — Voilà qui est singulier, M. F., et qui pourtant est vrai ; ah ! vous avez raison, quand vous considérez les saints comme des hommes singuliers ; ce sont les plus singuliers des hommes à la vérité ; et ils ne seraient pas des saints, s'ils n'étaient singuliers, comme vous le dites ; la signification elle-même du mot *saint* l'indique ; car il veut dire séparé, distingué des autres hommes, c'est-à-dire enfin un homme singulier.

En quoi consiste donc cette singularité remarquable? La voici, mes frères.

C'est un fait incontestable que les hommes s'aiment naturellement beaucoup trop eux-mêmes, qu'ils oublient les autres et par dessus tout Dieu même, auquel nous appartenons, pour lequel seul il nous faudrait vivre. Triste héritage que nous avons reçu de nos frères avec le péché d'origine qu'ils nous transmettent.

Or, le contraire a lieu chez les saints ; ils se haïssent eux seuls ; ils aiment les autres et Dieu, M. F., jusqu'à la folie ; ainsi se rapprochent-ils, quoique infiniment éloignés toujours, de l'adorable figure de J.-C., qui voulant régénérer les hommes, commence par se haïr lui-même jusqu'à la mort, puisqu'il est mort pour les hommes et aussi pour Dieu ; et quant à son amour, à l'amour qu'il nous garde, qui le consume non-seulement durant sa vie, mais après sa mort, le voilà dans ce tabernacle ; l'amour paraît dans le sacrement de l'amour ; chacun de nous peut l'y voir, l'entendre, l'aborder là, lui donner son cœur à guérir ; nous pouvons l'oublier aussi, si nous le voulons, l'outrager même ; on le fait, M. F., et c'est pourquoi nous réparons, nous ; voilà pourquoi nous l'adorons, et nous joi-

(1) Ex., III, 5.

gnons l'amour de nos frères à son amour.

La voyez-vous reparaître maintenant avec une splendeur inconnue, cette humanité si grande par l'image de Dieu qu'elle porte en elle ? Dieu lui-même en est ravi ; c'est pourquoi il seconde ce travail de l'homme ; et tandis que nous nous efforçons de reconquérir cette grandeur primitive, originelle, cette force intérieure de la vertu que nous possédions, Dieu nous revêt à l'extérieur d'une force extraordinaire, étonnante, d'une puissance nouvelle sur la nature ; de là les prodiges, de là enfin les miracles, qui forment avec les vertus le tissu merveilleux de la vie des saints.

Et au lieu que les autres hommes sont faibles, faibles à l'intérieur et à l'extérieur, les saints au contraire sont forts, d'une force intérieure, morale, par la vertu, par la haine de soi et l'amour des autres ; d'une force extérieure, physique, par les miracles. Ainsi, le premier empire de l'homme sur la nature et sur lui-même reparaît par dessus la terre ; il y reparaît par les saints ; et voilà cette singularité si honorable pour les saints et aussi pour l'humanité d'où les saints proviennent.

Apparaissez-nous maintenant, ô grand Saint, à travers le double rayonnement des vertus et des miracles qui étincelle sur tous vos pas.

Pourquoi ce dépouillement absolu de vos richesses et de vos biens, cet abandon entier de votre vie dans un si grand âge, entre les mains d'un homme obscur peut-être et moins grand que vous ? Pourquoi ces labeurs incessants qui usent et qui vieillissent? Pourquoi ces veilles et ce cilice? Pourquoi cet ensevelissement consenti de vos heures et de vos années dans l'obscurité et le silence ? Pourquoi cette fuite de la gloire et cette tristesse quand on vous loue? Pourquoi cette haine de vous-même et de votre vie ?... Pourquoi cette haine, grand Dieu?... Est-ce que cet homme n'aimait rien en ce monde?... Ah ! il aimait beaucoup au contraire ; il aimait plus que nous, mieux que nous.

Il aimait Dieu, et il recherchait sa gloire ; voilà pourquoi il pleurait ses moindres fautes.

Il aimait le Sauveur des hommes, et il aspirait à l'imiter dans son abnégation et dans son martyre. Parlez-nous donc ici, ô Sauveur ; racontez-nous ses larmes et ses soupirs près de vos autels et, loin de vous, ces regrets, ces tourments de l'amour que les saints connaissent.

Il aimait les hommes aussi, mais plus particulièrement parmi les hommes ceux qui tombent pour les relever, ceux qui se trompent pour les éclairer, ceux qui pleurent et qui gémissent pour les consoler ; c'est pourquoi on l'appela *le père des pauvres*, le patron des pauvres.

Et n'est-ce point à cause de cet amour passionné des hommes (car le dessein de la Providence est manifeste ici) que la Mère de Dieu elle-même se servit de lui pour l'établissement de cet ordre admirable où l'on s'engageait à sacrifier tout et soi-même encore, quand il le fallait, pour le rachat d'un frère, d'une sœur, d'une mère peut-être que la nation impitoyable des Maures retenait captifs ? — N'est-ce point à cause de cet amour passionné des hommes qu'il consacra de ses larmes plus que de ses prières, cet homme, de la plus pure noblesse de notre patrie, grand dans l'Église et dans l'histoire par les bienfaits qu'il rendit à l'humanité, un saint aussi dont le nom — Pierre Nolasque — a traversé jusqu'à nous les siècles et passera à l'immortalité ?

Je n'ai rien dit du désintéressement qui le caractérise, qui lui fait tout abandonner, tout livrer pour le culte de Marie et les pauvres, qui le porte à refuser tout après les services, de façon qu'il sortit des plus grandes charges toujours plus pauvre qu'auparavant.

Mais c'est assez parler de cette force de l'âme qui consiste à se vaincre soi-même, à se dévouer aux hommes et à Dieu surtout. Il y a une force encore, une autre puissance qui n'a pas paru, qui rend maître de la nature et qui la dompte par les miracles.

Quand nous croyons aux miracles, M. F., nous n'avons rien à redouter de la part des hommes : l'Évangile, les Actes des apôtres et les Épîtres sont remplis de miracles. Et il n'est pas nécessaire de recourir aux monuments de la foi les plus authentiques pour justifier la croyance aux miracles. Est-ce que la simple raison ne dit pas que les lois de la nature posées par Dieu peuvent être changées, modifiées par lui, quand il lui plaira, à plus forte raison suspendues seulement, arrêtées seulement, une fois, mille fois, peu importe ?... Et, est-ce que l'histoire de tous les peuples et de tous les temps n'est pas fertile en miracles, et n'atteste pas par là même la foi universelle et perpétuelle du genre humain aux miracles ? Enfin l'esprit de mensonge et d'erreur produit tous les jours des miracles et de vrais miracles, au gré de l'imprudent qui l'invoque et qui en rit, et Dieu ne retiendrait pas pour lui-même ni pour ses saints cette force, cette puissance dont ses ennemis mêmes abusent et qui vient de lui ?

La vie de S. Raymond fut féconde en miracles, et son tombeau est demeuré célèbre parmi les nations, parce que la poussière elle-même que l'on en tirait alla souvent au loin porter la vie à l'infirme, la vue à l'aveugle, le mouvement au paralytique: *De tumba pulvis nascitur ad sanitatem gentium* (1) ; il naît de sa tombe une poussière salutaire pour les nations; c'est une gracieuse légende qui le constate ; et ce n'est point une fausseté qu'elle avance ; on pourrait produire à l'appui les documents les plus forts et les plus savants, à l'appui de ce fait et de beaucoup d'autres.

Il en est un entre tous, que vos chants traditionnels exaltent et que la peinture et les arts s'appliquèrent de tout temps à reproduire et à embellir.

C'est par là que je finirai.

C'était à 53 lieues de Barcelone, dans cette île de Majorque que le roi d'Aragon venait de reprendre aux Maures dans un élan victorieux. S. Raymond était là au service de son roi qui l'y retenait, qui l'y entourait d'un culte de vénération et de confiance. Hélas ! combien le cœur et l'esprit de l'homme sont étranges et inconséquents ! Tandis qu'il entretenait près de lui l'homme de Dieu, l'illustre roi d'Aragon, surnommé le conquérant par l'histoire, y souffrait, disons-le, M. F., un représentant de la licence et du déshonneur ! L'esprit de Dieu et l'esprit impur n'habitent pas ensemble, et l'un ou l'autre devra céder; S. Raymond sollicite, conjure, implore ; vains efforts !... Il part donc, ou plutôt, car les ordres du roi l'avaient prévenu, il voudrait partir; mais pas un vaisseau ne lui donne entrée; il ne murmure point; s'agenouillant sur le rivage, il adresse à Dieu sa prière et lève un regard vers le ciel; il croit y lire la confiance ; il se relève : « Les rois de la terre me barrent le passage, dit-il, eh bien ! le roi du ciel et de la terre me l'ouvrira » ; son manteau s'étend devant lui, il en relève le bord d'une main, puis, l'attachant au nœud du bâton qu'il porte en guise de mât, il se jette en avant, et la nacelle improvisée s'abandonne aux souffles que le ciel envoie ; elle le déposa tran-

(1) Voir le Bréviaire dominicain, 26 janvier.

quille et calme à Barcelone en quelques heures ; là, les portes du monastère s'ouvrirent comme d'elles-mêmes, et enfin le roi d'Aragon résolut désormais de changer de vie, car il croyait à la sainteté de l'homme de Dieu ; en effet, aucune trace de vaisseau n'avait paru, et les ports de Majorque et de Barcelone étaient bien gardés.

Puisque l'auréole de la sainteté jaillit maintenant en flots de lumière et de gloire autour de vos tempes, grand Saint, vos mains sont riches par conséquent de bénédictions et de grâces pour ceux qui vous les demandent et qui vous implorent.

Nous vous les demandons et nous vous invoquons, ô grand Saint ; épanchez-les — sur nous tous ici, sur ce peuple dont l'empressement témoigne assez haut de l'honneur qu'il vous rend, et de l'admiration qu'il vous garde; sur la confrérie, égale dans le dévoûment et dans l'humilité, qui déploie chaque année, ici, une pompe inaccoutumée pour vous célébrer, et qui ne retranche rien des traditions de leurs pères, si antiques, si touchantes et si chrétiennes ; épanchez-les sur mon pays enfin qui vous aime, et qui tient à vous par le cœur, plus encore que par son histoire et par ses souvenirs.

Bénissez le grand ordre, qui se glorifiera à jamais de vous compter parmi ses premiers chefs, qui refleurit en France aujourd'hui, et dont une tige suave (1) nous est venu apporter ici,le parfum de sa louange et de sa prière.

Bénissez l'Église à laquelle vous appartenez à tant de titres, et pour laquelle on vous aurait vu mourir de la même façon qu'on vous a vu vivre pour elle.

Seigneur Jésus, vous entendez la prière que nous formulons ; vous connaissez et vous savez celle que votre serviteur vous adresse en notre faveur.

Envoyez des savants à l'Église, qui établissent aux yeux des peuples la science lumineuse de l'Évangile, que le monde voudrait obscurcir ou éteindre même, mais qui restera et qui brillera à tout jamais comme la lumière du soleil, parce qu'elle est soutenue par votre parole, et que votre parole est sacrée.

Envoyez des administrateurs à l'Église, qui déploient à travers le monde les liens salutaires de la discipline, qui le retiennent, qui l'enchaînent même, s'il est possible, dans la foi et dans la charité.

Envoyez par-dessus tout des saints à l'Église, qui propagent

(1) Les dominicains établis récemment à Carpentras,

au loin et jusque dans les contrées les plus lointaines, cette vie nouvelle, surnaturelle et divine, que vous êtes venu apporter à la terre.

Je solliciterai une grâce encore, ô Sauveur Jésus; devant achever bientôt l'épreuve que vous exigez de vos prêtres, j'irai là, à l'autel où vous reposez ; vous m'y accorderez le bonheur le plus grand qu'il soit donné à un homme de posséder sur la terre : celui d'immoler ma vie avec la vôtre, sur le même autel ; préparez mon cœur et mes lèvres pour ce grand jour, ô Sauveur Jésus ; je vous prierai là pour ceux qui me sont chers, pour mes frères ; vous ne m'y refuserez pas l'objet de mes vœux ; et vous nous conduirez là haut où nous vous contemplerons dans la gloire. Ainsi soit-il.

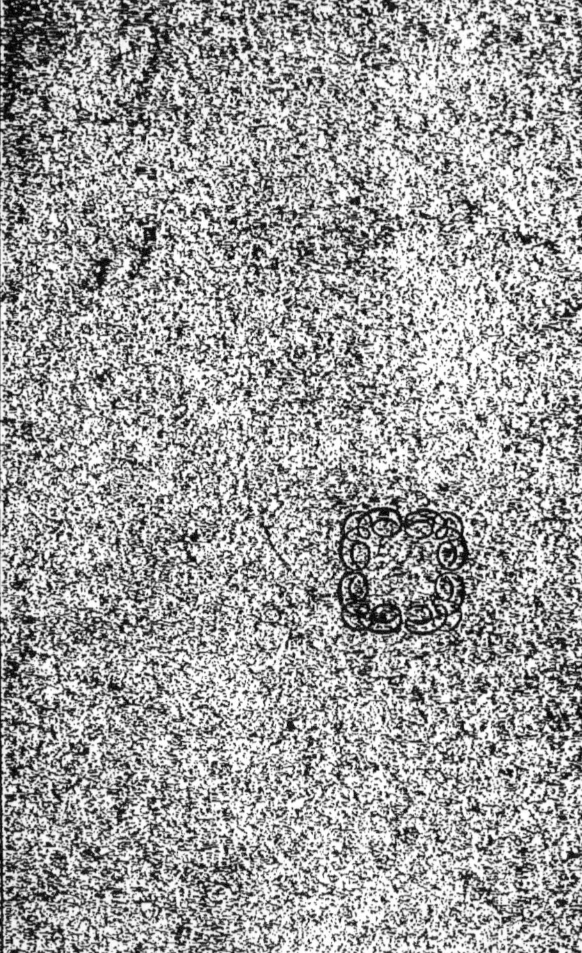

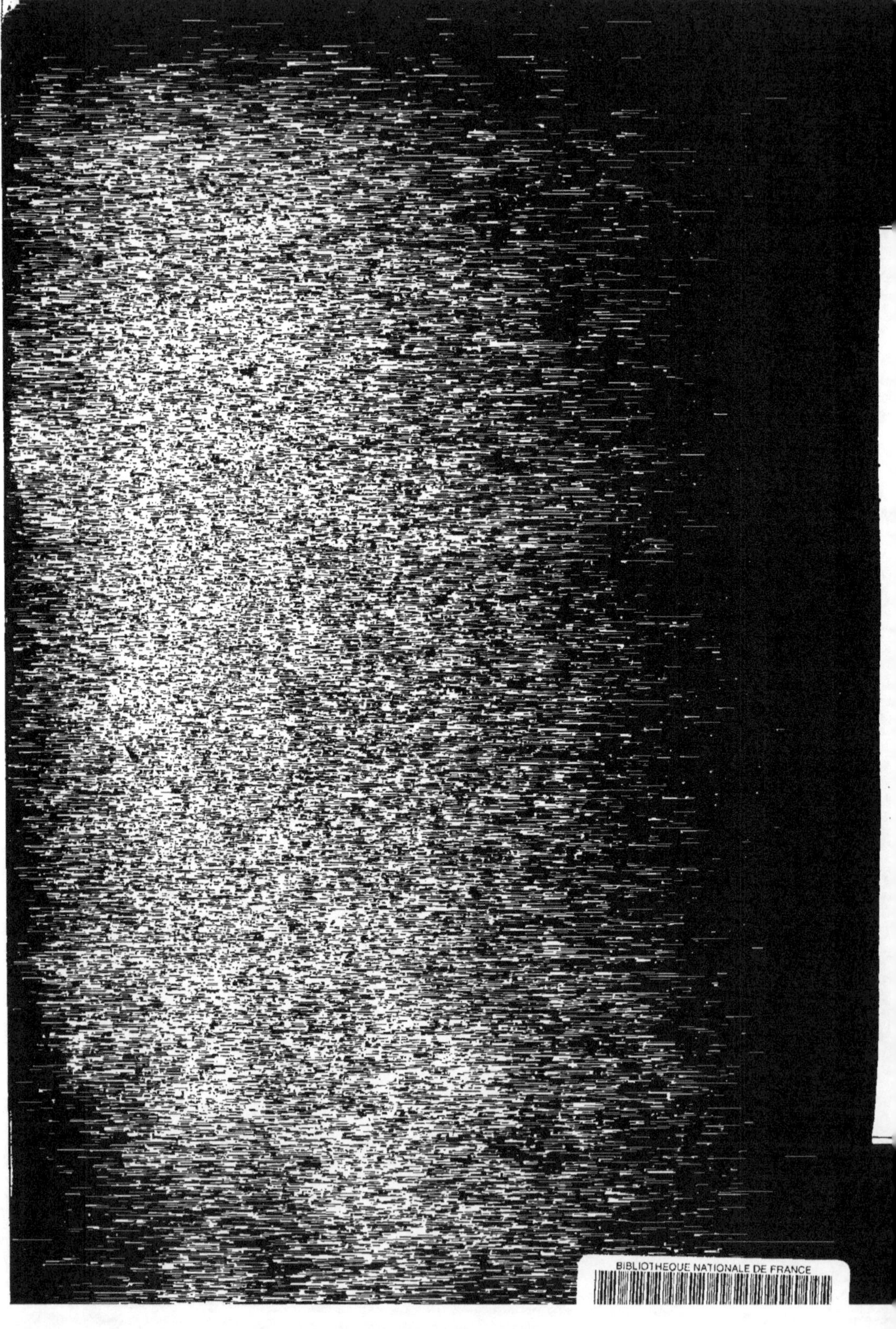

www.ingramcontent.com/pod-product-compliance
Lightning Source LLC
LaVergne TN
LVHW010309230826
846091LV00007BB/2783
* 9 7 8 2 0 1 1 7 7 4 5 7 6 *